Wenn's alte Jahr erfolgreich war,
dann freue dich aufs neue.
Und war es schlecht, ja dann erst recht.

Albert Einstein

Abnehmen

Abnehmen, das möchten Viele.
Man muss Wille und Ausdauer haben!
Man setzt sich bestimmte Ziele
und hofft die Tortur zu ertragen.

Denn, in der Theorie ist alles klar:
weniger Zufuhr, mehr Verbrauch!
Es hört sich leicht an, wunderbar,
wer davon nichts weiß, ist mein Bauch!

Viel Wasser trinken, soll ja helfen!
Auf keinen Fall süße Limonade.
Meine Fangemeinde sagt nicht selten:
für jedes Gramm von mir wäre schade!

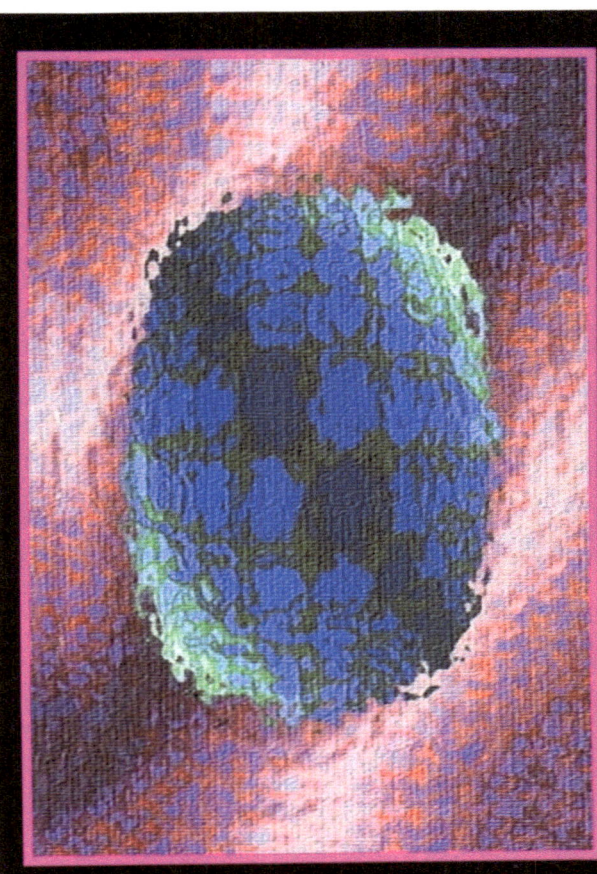

SCHWEBEZUSTAND

Dezember 2024 / Januar 2025

						KW01
30.	31.	1. Neujahrstag	2.	3.	4.	5.
Mo.	Di.	Mi.	Do.	Fr.	Sa.	So.

7

8

9

10

11

12

13

14

15

16

17

18

19

20

21

Am Waldrand

Am Waldrand, auf einer Wiese,
spazieren gerne, Anne und Liese.
Erzählen und auch mal lästern
über Leute und die Zeit von gestern.

Sie ruhen sich aus, auf einer Bank.
Liese erzählt: sie ist jetzt krank.
Sie kann jetzt nur noch wenig hören:
sie hat nur 50% Hörvermögen.

Anne schwärmt über die Stille.
Weit weg von Hektik und täglich Kram.
Liese dagegen beklagt stille,
dass sie davon nur die Hälfte hören kann

GENESIS

Januar 2025

6. Heilige Drei Könige Mo.	7. Di.	8. Mi.	9. Do.	10. Fr.	11. Sa.	KW02 12. So.
7						
8						
9						
10						
11						
12						
13						
14						
15						
16						
17						
18						
19						
20						
21						

Ararat

Der höchste Berg in der Türkei,
der Ararat ist, laut Bibel, heilig.
Erzählt wird von Noah, allerlei.
Wegen Sintflut, er hatte es eilig!

Diese "Last Minute" Reise war ein Hit!
Ausgebucht bis zum letzten Platz.
Er nahm Lebewesen paarweise mit,
in alle Ruhe, ohne Stress und Hatz!

So rettete, ja, das tat er,
die Tierwelt, wie damals Keiner!
Er ist also der Gründervater,
der heutigen Tierschutzvereine

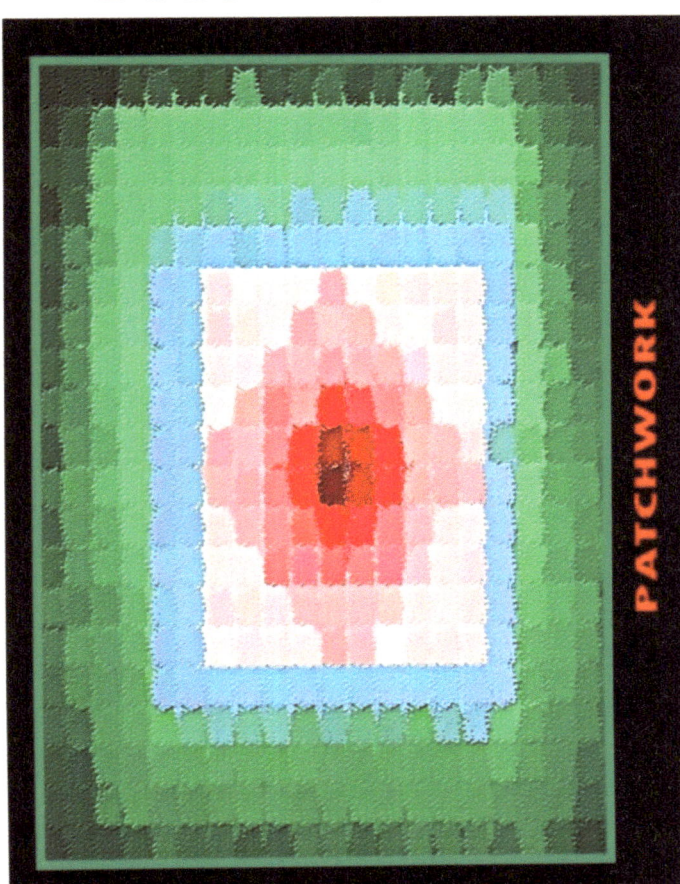

PATCHWORK

Januar 2025

13. Mo.	14. Di.	15. Mi.	16. Do.	17. Fr.	18. Sa.	KW03 19. So.

7
8
9
10
11
12
13
14
15
16
17
18
19
20
21

Babyperspektive

Das Kleinkind liegt am Wickeltisch,
denkt nach. Guckt vor sich hin!
Der Windel ist nicht mehr so "frisch",
ist Zeit zu wechseln, ohnehin!

Der Mund der Mama ist so interessant!
Er kann tausend Sachen machen.
Dass er schimpft ist mir nicht bekannt,
ich hab´ ihn oft erlebt beim Lachen!

Wenn ich gähne, lächelt mich an!
Fragt mich ob ich nicht geschlafen hätte?
Wenn der Windel stinkt, nichts wie ran!
Wird gewechselt, schnell, wie um die Wette!

FARBTUPFER

Januar 2025

	20. Mo.	21. Di.	22. Mi.	23. Do.	24. Fr.	25. Sa.	KW04 26. So.
7							
8							
9							
10							
11							
12							
13							
14							
15							
16							
17							
18							
19							
20							
21							

Beamtenkalender

Der Kalender für Beamten ist seltsam.
Weißt viele unliebsamen Lücken auf.
Sie zu kennen wäre klug bis ratsam,
so erspart man sich Ärger, zu Hauff.

Beispiel: Weihnachten und Neujahr,
davor, danach und dazwischen.
Kann man nicht erwarten, nicht wahr,
eine fällige Antwort zu erwischen.

Außer Ostern, Pfingsten, Brückentage,
Sommerurlaub, Schulanfang,
gibt es trotzdem genügend Tage,
um auszuleben, den Tatendrang!

KALEIDOSKOP

Januar / Februar 2025

27. Mo.	28. Di.	29. Mi.	30. Do.	31. Fr.	1. Sa.	KW05 2. So.
7						
8						
9						
10						
11						
12						
13						
14						
15						
16						
17						
18						
19						
20						
21						

Dualität

In welche Richtung bewegt sich die Erde?
Von oben gesehen links oder rechts?
Das ist der Punkt wo ich neugierig werde!
Jetzt kann ich erfahren, wie Du so denkst!

Denn im Weltall kein Oben gibt
und demnach gibt´s Unten auch nicht!
Rechts ist dort wo der Daumen links liegt
und Links dort wo der Daumen rechts ist!

Alles ist relativ, steht in Beziehung.
Es gibt sie immer, eine Dualität.
Ich bin enttäuscht in der Beziehung
und leidet darunter meine Individualität!

WASSERFARBE

Februar 2025

3. Mo.	4. Di.	5. Mi.	6. Do.	7. Fr.	8. Sa.	KW06 9. So.

7 ----
8 ----
9 ----
10 ----
11 ----
12 ----
13 ----
14 ----
15 ----
16 ----
17 ----
18 ----
19 ----
20 ----
21 ----

Ei

Wie kommt das Ei in die Schale?
Die Antwort ist sehr komplex!
Es reicht nicht eine Pauschale.
Keiner wusst's. Ich bin perplex!

Wo endet der Nabel im Innern?
Das wussten auch nur wenige.
Daran kann ich mich erinnern,
wenn ich von Bildung "predige"!

Wir debattierten noch eine Weile,
bei der Klassenfahrt im Reisebus.
Man vertreibt damit Langeweile,
so einfach wie das "Ei des Kolumbus"!

AUSBRUCH

Februar 2025

	10. Mo.	11. Di.	12. Mi.	13. Do.	14. Valentinstag Fr.	15. Sa.	KW07 16. So.

7 ----

8 ----

9 ----

10 ----

11 ----

12 ----

13 ----

14 ----

15 ----

16 ----

17 ----

18 ----

19 ----

20 ----

21 ----

Entertainment

Im Mittelalter gab es Leute,
man nennt sie Entertainer heute.
Sie zogen fort von Burg zu Burg
und sorgten für Belustigung.

Die waren arm, wie Kirchenmaus,
keine Bleibe und kein Haus.
Die Burgherren waren dagegen
die wahren Gönner in der Gegend.

Das Gegenteil ist Usus heute:
es gibt viele reiche Leute,
die ohne jegliche Geldsorgen
für das Entertainment sorgen.

GROBE KREIDE

Februar 2025

	17. Mo.	18. Di.	19. Mi.	20. Do.	21. Fr.	22. Sa.	23. So.
7							
8							
9							
10							
11							
12							
13							
14							
15							
16							
17							
18							
19							
20							
21							

Erziehung

Die Polizei hat für sich entdeckt,
eine sichere Einnahmequelle.
Sie halten sich aber bedeckt,
begründen es mit den Unfällen!

Die rede ist von Temposündern!
Die Polizei will sie umerziehen.
Statt sie zu bestrafen wäre klüger,
die Anderen zu belohnen, sagen Erzieher!

Denn, die Erziehung funktioniert,
statt Strafe, nur mit Belohnung!
Instinkte werden neu formiert
zur Freude der Straßenverkehrsordnung!

SCHWEBETEILCHEN

Februar / März 2025

KW09

| 24.
Mo. | 25.
Di. | 26.
Mi. | 27.
Weiberfastnacht
Do. | 28.
Fastnachtsamstag
Fr. | 1.
Frühlingsanfang met.
Sa. | 2.
Fastnachtsonntag
So. |

7

8

9

10

11

12

13

14

15

16

17

18

19

20

21

Fasching

Paläontologen aus Bayern
ist der Nachweis gelungen
Tieren zu erwischen beim Fasching feiern:
sie haben den Beweis gefunden.

Es ist ein Solnhofener Fossil,
(es gab noch kein Mensch weit und breit),
in diesem Kalkstein ist ein Reptil,
getarnt in einem Federkleid.

Sogar der Name ist bekannt.
Helfen keine Tarnung und Tricks.
Die Polizei hat ihn erkannt:
so wurde überführt, der Archäopteryx.

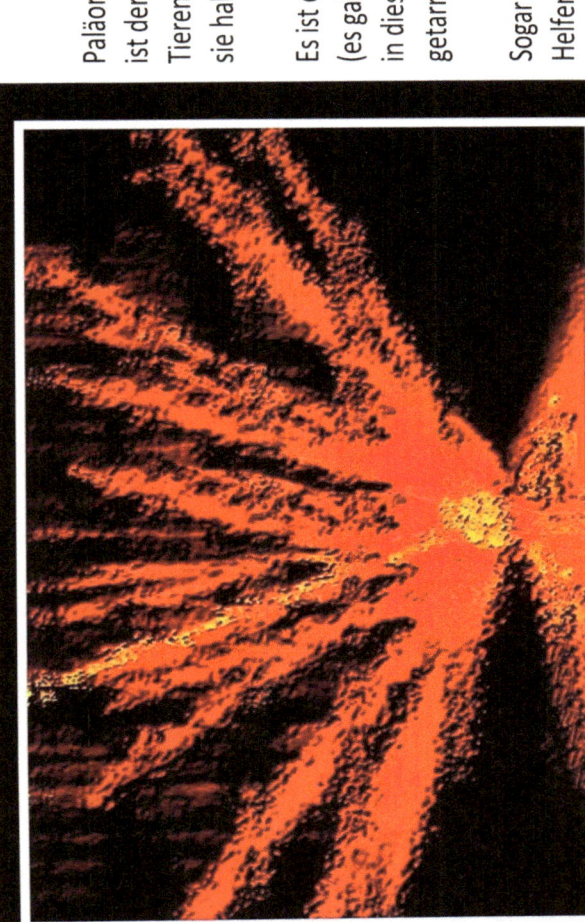

ERUPTION

März 2025

| 3.
Rosenmontag
Mo. | 4.
Fastnacht
Di. | 5.
Aschermittwoch
Mi. | 6.
Do. | 7.
Fr. | 8.
Frauentag
Sa. | 9.
So.
KW10 |

7 - - - - - - -
8 - - - - - - -
9 - - - - - - -
10 - - - - - - -
11 - - - - - - -
12 - - - - - - -
13 - - - - - - -
14 - - - - - - -
15 - - - - - - -
16 - - - - - - -
17 - - - - - - -
18 - - - - - - -
19 - - - - - - -
20 - - - - - - -
21 - - - - - - -

Ferien

Die Ferien sind leider zu Ende,
uns stehen harte Zeiten bevor.
Ich entschloss mich, ein SMS sende,
direkt auf's Handy vom Schuldirektor!

Herr Direktor, meine Mitschüler und ich
finden das Ferienende kommt zu Abrupt.
Wir denken es wäre gut, es empfiehlt sich
wenn man eine Vollversammlung zusammenruft.

Wir wollen es mehrheitlich bestimmen,
ob das Ferienende stattfindet. Nicht Sie!
Der Zeitpunkt muss für uns auch Stimmen,
schließlich leben wir in eine Demokratie!

RAMPENLICHT

März 2025

	10. Mo.	11. Di.	12. Mi.	13. Do.	14. Fr.	15. Sa.	KW11 16. So.
7							
8							
9							
10							
11							
12							
13							
14							
15							
16							
17							
18							
19							
20							
21							

Fitness

Bin ich jetzt alt? Mit über achtzig?
Nein, ich bin fit wie ein Turnschuh!
Welcher Turnschuh? Fragt man sich!
Die Marke ist egal! Das ist der Clou!

Der Rücken ist starr, wie die Sohle.
Die Blase hält nicht, wie der Klettverschluss.
Mein Bauch ist gepolstert und das Tolle,
mit Vergleichen ist bei weitem nicht Schluss!

Rundum knackig bin ich geworden:
mal knackt es hier und mal da.
Ich vergesse alles, auch meine Sorgen,
sorgenfrei lebt sich gut! Hurra, hurra!

STRUDEL

März 2025

	17. Mo.	18. Di.	19. Joseftag Mi.	20. Frühlingsanfang Do.	21. Fr.	22. Sa.	KW12 23. So.
7							
8							
9							
10							
11							
12							
13							
14							
15							
16							
17							
18							
19							
20							
21							

Die Fliege

Die Fliege in der Wohnung ist lästig.
So lästig wie eine Fliege, halt.
Schwirrt herum und zwar ständig
und macht keine Sekunde halt.

Wenn sie ein Moment halt machen sollte,
hätte ich die Gelegenheit,
mit der Klatsche, was ich machen wollte...
... Sie wissen ja Bescheid.

Unvorsichtig landet sie auf die Liege
und hält für einen Moment Stille.
Ich frage mich ob eine Fliege
so was hat: wie der letzte Wille?

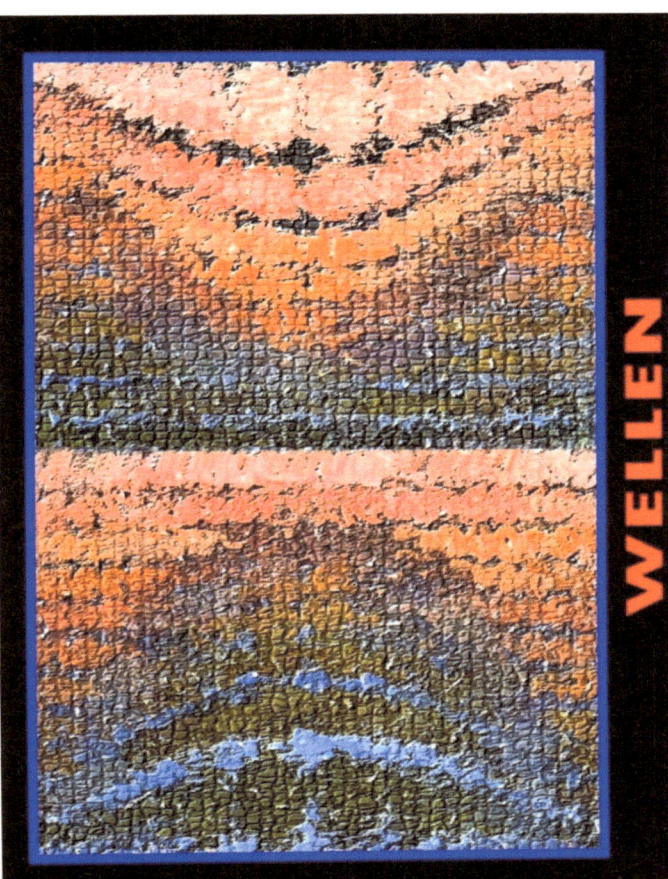

WELLEN

März 2025

KW13

24. Mo.	25. Di.	26. Mi.	27. Do.	28. Fr.	29. Sa.	30. Sommerzeitbeginn So.

7
8
9
10
11
12
13
14
15
16
17
18
19
20
21

Flirt

Ein Flirt ist Balsam für die Seele,
bezeugt für beide: Attraktivität.
Verpflichtet zu Nichts, keine Affäre,
danach herrscht wie immer: Normalität.

Ein Flirt kann aber mehr bedeuten,
den Anfang von einer Beziehung.
Besonders bei Singles und anderen Leuten
hängt ab von der sexuellen Erziehung!

Flirten ist modern, kann man lernen.
Ist ein weit verbreiteter Begriff.
Das Ergebnis steht in den Sternen,
die Hormone hat man nicht immer in Griff!

IRRGARTEN

März / April 2025

31. Mo.	1. Di.	2, Mi.	3. Do.	4. Fr.	5. Sa.	KW14 6. So.
7						
8						
9						
10						
11						
12						
13						
14						
15						
16						
17						
18						
19						
20						
21						

Flügel

Zu fliegen ist nicht so einfach!
Dazu braucht man Flügel. Zweifach.
Leichtgewicht, Dynamik und vieles mehr.
So gesehen: das Fliegen ist schwer.

Dagegen spricht aber die Erfahrung.
Als ich, ohne Gnade und Erbarmung,
(obwohl schon über ein Zentner wog),
in hohem Bogen von der Schule flog.

Die Moral der Geschichte:

Der Mensch wird Mittel und Wege finden,
um die Schwierigkeiten zu überwinden.

INTERFERENZ

7. Mo.	8. Di.	9. Mi.	10. Do.	11. Fr.	12. Sa.	13. Palmsonntag So.

7 - - - - - - -
8 - - - - - - -
9 - - - - - - -
10 - - - - - - -
11 - - - - - - -
12 - - - - - - -
13 - - - - - - -
14 - - - - - - -
15 - - - - - - -
16 - - - - - - -
17 - - - - - - -
18 - - - - - - -
19 - - - - - - -
20 - - - - - - -
21 - - - - - - -

Galilei

Spätestens seit Galileo Galilei
wissen wir, dass die Erde sich bewegt.
Man hat's geleugnet sein Genie,
doch seit dem, ist zweifellos belegt!

Die Geschwindigkeit ist enorm hoch:
um die 100.000 km pro Stunde.
Hinzu kommt der Eiertanz um die Achse noch.
Elliptisch, um die Sonne macht die Runde.

Wenn man das Wort "durchgedreht" hört,
es bekommt einen tieferen Sinn!
Es hat mich früher ein bisschen gestört.
Jetzt halt' ich aus, ich bin wie ich bin!

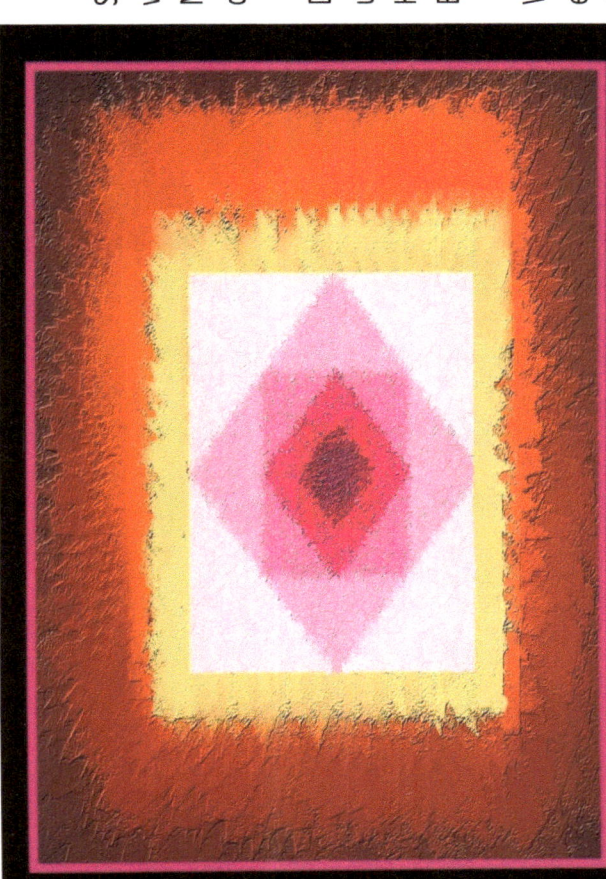

PLATZDECKCHEN

April 2025

KW16

14. Mo.	15. Di.	16. Mi.	17. Grün Donnerstag Do.	18. Karfreitag Fr.	19. Karsamstag Sa.	20. Ostersonntag So.

7 _ _ _ _ _ _ _
8 _ _ _ _ _ _ _
9 _ _ _ _ _ _ _
10 _ _ _ _ _ _ _
11 _ _ _ _ _ _ _
12 _ _ _ _ _ _ _
13 _ _ _ _ _ _ _
14 _ _ _ _ _ _ _
15 _ _ _ _ _ _ _
16 _ _ _ _ _ _ _
17 _ _ _ _ _ _ _
18 _ _ _ _ _ _ _
19 _ _ _ _ _ _ _
20 _ _ _ _ _ _ _
21 _ _ _ _ _ _ _

Gassi gehen

Samstagmorgen in der Stadt,
spazieren die Hundehalter.
Gassi gehen ist angesagt,
zur "Freude" der Hausverwalter.

Überall Hinterlassenschaft, voll Kot,
auf dem Gehweg und Blumenbeet.
Voll von Wut, sieht man Rot,
dagegen hilft auch kein Gebet.

Eine Genugtuung hat man doch.
Ertappt bei der Tat, in deren Augen sieht:
so ein Mist, mein kleiner Dog!
Gütiger Mensch ich war es nicht!

GETRENNTE WEGE

April 2025

KW17

21. Ostermontag Mo.	22. Di.	23. Mi.	24. Do.	25. Fr.	26. Sa.	27. So.

7

8

9

10

11

12

13

14

15

16

17

18

19

20

21

Gefühle

Gefühle zu verbergen ist nicht leicht.
Sie überfallen einen. Sind mächtig!
Gelingt nur wenn man Willenstärke zeigt,
sonst ist man schutzlos. Verletzlich!

Der Politiker muss sich auch beherrschen.
Als Ablenkung benutzt er das Schauspiel.
Der tägliche Umgang mit Menschen,
zwingt ihn dazu. Das ist das Ziel!

Wer versehentlich Gefühle outet,
öffnet sich. Zeigt sein Inneres.
Schließlich, das Motto des Spiels lautet:
"Beherrsche dich oder wir tun es!"

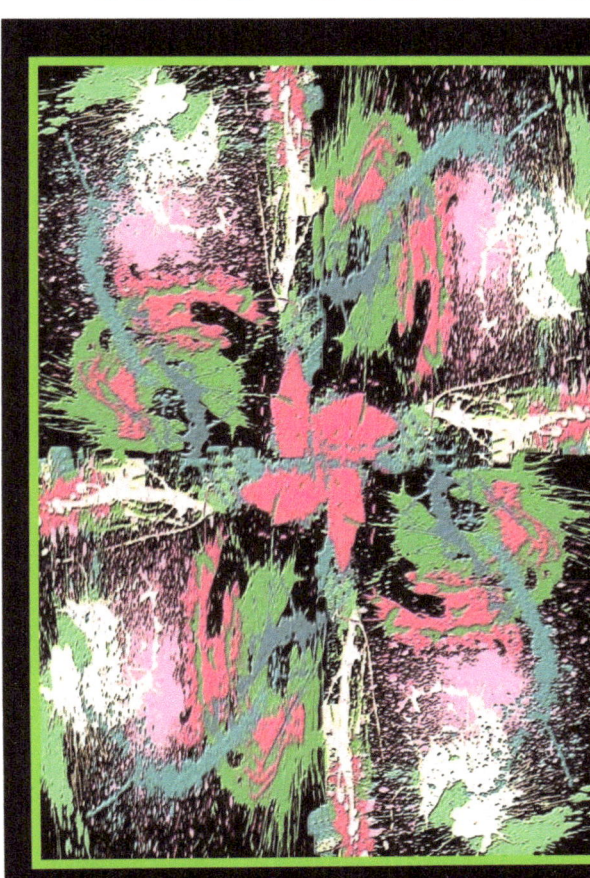

FLORALE STIMMUNG

April / Mai 2025

28. Mo.	29. Di.	30. Mi. Walpurgisnacht	1. Do. Tag der Arbeit	2. Fr.	3. Sa.	4. So. KW18

7
8
9
10
11
12
13
14
15
16
17
18
19
20
21

Genie

Ein Genie kommt alleine aus.
Der Rest der Welt zählt nur wenig.
Als Ich-AG einsam zu Haus,
denn ebenbürtige gibt´s eh nicht!

Er rückt mit neuen Ideen aus.
Er ist ein "Frühchen" gewissermaßen.
Weit-weit seiner Zeit voraus,
ihn verstehen kaum die Massen!

Ich wurde auch mal Genie genannt.
Wegen meine Unordnung, bloß.
Ich konterte heftig, wutentbrannt,
denn: ein Genie beherrscht das Chaos!

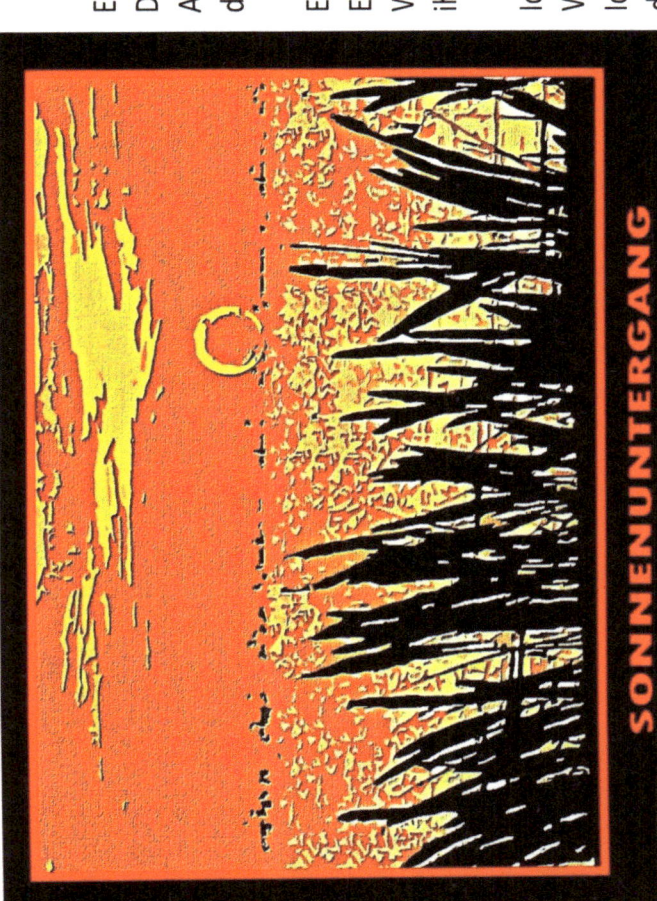

SONNENUNTERGANG

Mai 2025

5. Mo.	6. Di.	7. Mi.	8. Do.	9. Fr.	10. Sa.	KW19 11. Muttertag So.

7 _ _ _ _ _ _ _ _ _
8 _ _ _ _ _ _ _ _ _
9 _ _ _ _ _ _ _ _ _
10 _ _ _ _ _ _ _ _
11 _ _ _ _ _ _ _ _
12 _ _ _ _ _ _ _ _
13 _ _ _ _ _ _ _ _
14 _ _ _ _ _ _ _ _
15 _ _ _ _ _ _ _ _
16 _ _ _ _ _ _ _ _
17 _ _ _ _ _ _ _ _
18 _ _ _ _ _ _ _ _
19 _ _ _ _ _ _ _ _
20 _ _ _ _ _ _ _ _
21 _ _ _ _ _ _ _ _

Gewinner

Warum will der Mensch immer gewinnen?
Gewinner gehören zu der Minderheit!
Ich muss uns Verlierer daran erinnern:
Wir sind das Volk! Wir sind die Mehrheit!

Was geschieht, ist reine Personenkult.
Es ist ganz und gar nicht demokratisch!
Spontan formiert sich ein Tumult,
das Jubeln ist viel zu theatralisch!

Ab jetzt wird er der meist Gejagte.
Ihm droht akut der Realitätsverlust!
Ich stelle die Frage, die Gewagte:
Warum der Stress? Hätte ich gerne gewusst!

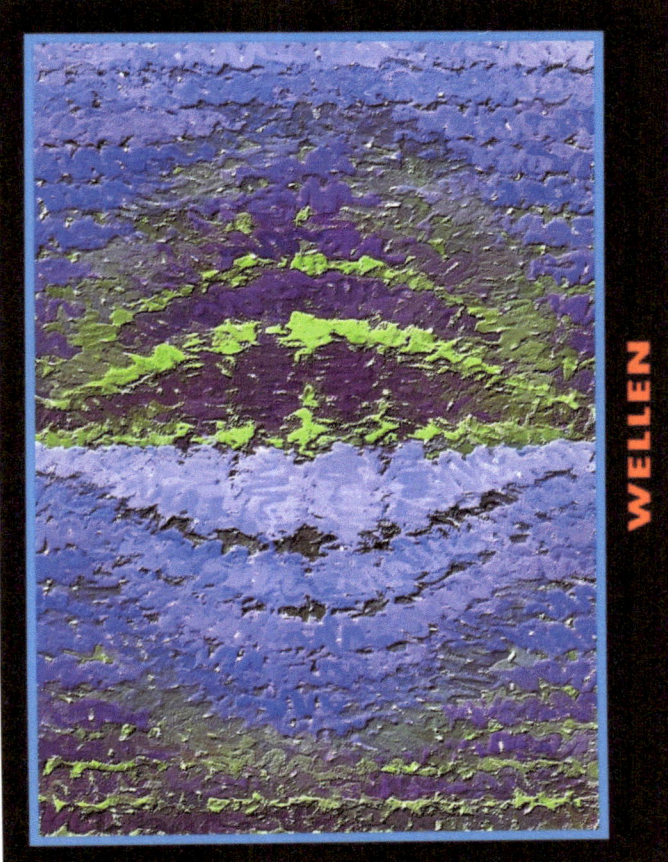

WELLEN

Mai 2025

12. Mo.	13. Di.	14. Mi.	15. Do.	16. Fr.	17.- Sa.	KW20 18. So.

7 - - - - - - -
8 - - - - - - -
9 - - - - - - -
10 - - - - - -
11 - - - - - -
12 - - - - - -
13 - - - - - -
14 - - - - - -
15 - - - - - -
16 - - - - - -
17 - - - - - -
18 - - - - - -
19 - - - - - -
20 - - - - - -
21 - - - - - -

Graues Haar

Ich war stolz auf meine Haare:
sie waren schwarz, glänzend, fast blau!
Aber jetzt, oh Gott bewahre,
werden langsam vereinzelt grau.

Graue Haare will ich nicht haben!
Diese Farbe ist nicht in.
Lieber werde ich Glatze tragen.
Ich verliere Haare, ohnehin.

Im Winter werde ich zittern,
doch ich bin eine Frohnatur!
Null gehört auch zu den Ziffern
somit ist Glatze auch eine Frisur.

GITTER

Mai 2025

	19. Mo.	20. Di.	21. Mi.	22. Do.	23. Fr.	24. Sa.	KW21 25. So.
7							
8							
9							
10							
11							
12							
13							
14							
15							
16							
17							
18							
19							
20							
21							

Handwerker

Der Handwerker im Haus ist ein Segen!
Alles wird in Ordnung gebracht.
Düsenjetlärm ist harmlos dagegen,
was unsere Handwerker so macht!

Bohren, stemmen, flexen, fräsen,
kräftig hämmern, wackeln die Wände!
Im Schrank zerbrechen die Gläser,
die Geduld der Nachbarn geht zu Ende!

Man freut sich zweimal, bei Männern in blau:
am Anfang freut man sich, sie zu sehen.
Inzwischen weiß man aber ganz genau,
die größte Freude ist, wenn sie gehen!

AIRCRASH

Mai / Juni 2025

KW22

26. Mo.	27. Di.	28. Mi.	29. Christi Himmelfahrt Do.	30. Fr.	31. Sa.	1. Sommeranfang met. / Kindertag So.

7
8
9
10
11
12
13
14
15
16
17
18
19
20
21

Hundert Jahre

Einen Mann am 100. Geburtstag,
hab' ich nach dem Geheimnis gefragt!
Wie sieht aus bei Ihm der Alltag?
Darauf hat er folgendes gesagt:

Kein Alkohol, Drogen oder Sex,
wenig Sport treiben, ist sehr wichtig.
Nur beim Sex blieb ich perplex,
ich dachte, ich höre nicht richtig.

Er sagte: ja, kein Sex.... nach 90 Jahren,
ist verboten das andere Geschlecht!
Die Träume kann ich halbwegs bewahren,
weil 90 Jahren wären auch nicht schlecht!

HIRSCHBRUNFT

Juni 2025

KW23

2. Mo.	3. Di.	4. Mi.	5. Do.	6. Fr.	7. Sa.	8. So. Pfingstsonntag
7						
8						
9						
10						
11						
12						
13						
14						
15						
16						
17						
18						
19						
20						
21						

Im Wartezimmer

Im Wartezimmer sind zu viele Leute.
Man soll Zeit mitbringen und warten.
Es ist immer so und nicht nur heute,
ich weiß nicht, was soll ich davon halten.

Ist das Wartezimmer deshalb so voll,
weil er ein besonders guter Arzt ist?
Oder ist es ein Zeichen des Versagens, toll,
dann sind die Aussichten düster bis trist!

Einmal beim Zahnarzt bin ich, oh Graus,
im Wartezimmer alleine gesessen.
Nach zwei Stunden, stellte sich heraus,
man hat mich total vergessen.

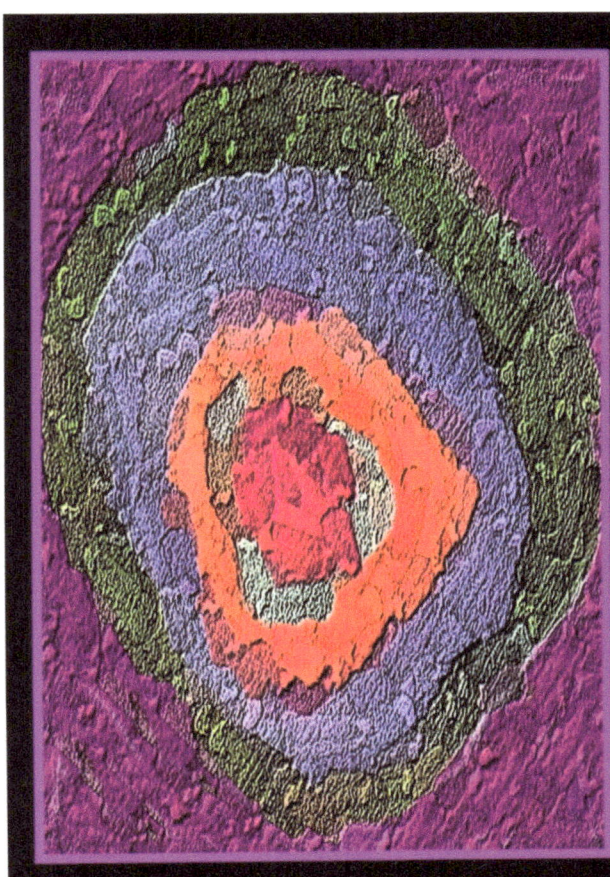

ENTWICKLUNG

Juni 2025

KW24

9. Pfingstmontag Mo.	10. Di.	11. Mi.	12. Do.	13. Fr.	14. Sa.	15. So.

7 _ _ _ _ _ _ _ _
8 _ _ _ _ _ _ _ _
9 _ _ _ _ _ _ _ _
10 _ _ _ _ _ _ _ _
11 _ _ _ _ _ _ _ _
12 _ _ _ _ _ _ _ _
13 _ _ _ _ _ _ _ _
14 _ _ _ _ _ _ _ _
15 _ _ _ _ _ _ _ _
16 _ _ _ _ _ _ _ _
17 _ _ _ _ _ _ _ _
18 _ _ _ _ _ _ _ _
19 _ _ _ _ _ _ _ _
20 _ _ _ _ _ _ _ _
21 _ _ _ _ _ _ _ _

Innere Organe

Alles findet im Kopfe statt!
Alles wird vom Kopf gesteuert.
Auch das Kribbeln im Bauche, halt.
Die Anfangsthese find' ich bescheuert.

Nach dem berühmten Bauchgefühl
kann ich mich orientieren
und meinen Chef nach dem Gebrüll,
nichts leichter als das, identifizieren.

Ich spreche von der Leber weg,
was mir nicht passt, ohne Frage,
und geht es auf die Nieren,
wenn ich nicht die Wahrheit sage.

FENSTER zum HIMMEL

Juni 2025

16. Mo.	17. <small>DDR Aufstand</small> Di.	18. Mi.	19. <small>Fronleichnam</small> Do.	20. Fr.	21. <small>Sommeranfang</small> Sa.	KW25 22. So.
7						
8						
9						
10						
11						
12						
13						
14						
15						
16						
17						
18						
19						
20						
21						

Innere Uhr

Zeit bestimmt das Leben von Anfang an.
Läuft ab wie Ballett laut Choreografie.
Das Leben richtet sich nach Zeitplan,
die innere Uhr steuert die Maschinerie!

Die innere Uhr läuft vollautomatisch.
Sie ist der Taktgeber, der Dirigent.
Nicht sehr pünktlich, aber nicht tragisch,
wird synchronisiert für jedes Event!

Die Uhr richtet sich nach Sonnenlicht.
Zuviel Abweichung darf es nicht geben.
In der Natur zählt jedes Augenblick:
"Wer zu spät kommt, den bestraft das Leben!"

TALISMAN

Juni 2025

23. Mo.	24. Di.	25. Mi.	26. Do.	27. Fr.	28. Sa.	KW26 29. So.

7 _ _ _ _ _ _ _ _

8 _ _ _ _ _ _ _ _

9 _ _ _ _ _ _ _ _

10 _ _ _ _ _ _ _

11 _ _ _ _ _ _ _

12 _ _ _ _ _ _ _

13 _ _ _ _ _ _ _

14 _ _ _ _ _ _ _

15 _ _ _ _ _ _ _

16 _ _ _ _ _ _ _

17 _ _ _ _ _ _ _

18 _ _ _ _ _ _ _

19 _ _ _ _ _ _ _

20 _ _ _ _ _ _ _

21 _ _ _ _ _ _ _

Interview

Der Spieler ist gefragt wie noch nie.
Kurz vor dem Spiel seine Meinung zählt:
Ich "denke" sagt er, und lässt der Phantasie
freien Lauf, wie ein gefragter Auserwählt!

Wir wollen gute Leistung zeigen!
Wir können viel besser spielen!
Wir werden alte Fehler vermeiden!
Wir haben gute Chancen zu gewinnen!

Nach dem Spiel: der Gegner war brutal!
Der Schiedsrichter hat es geduldet.
Die Bedingungen waren nicht normal.
Die Niederlage ist vom Gegner verschuldet!

STEPPDECKE

Juni / Juli 2025

30. Mo.	1. Di.	2. Mi.	3. Do.	4. Fr.	5. Sa.	6. So.	KW27

7
8
9
10
11
12
13
14
15
16
17
18
19
20
21

Kind

Das Kind ist Mittelpunkt der Familie.
Um das Kind dreht sich fast alles.
Eltern sind bemüht, in der ersten Linie,
Umfeld zu schaffen, möglichst normales!

Die Aufgaben um das Kind wachsen.
Wachsen gemeinsam mit dem Kind.
Wo man kann, setzt auf Profilaxen
und hofft, dass sie erfolgreich sind!

Wichtig ist, glaubwürdig zu sein!
Vorbildlich in unserem Verhalten.
Das Kind zu erziehen heißt obendrein:
wir werden zu "braven" Gestalten!

ALPENKAPELLE

Juli 2025

7. Mo.	8. Di.	9. Mi.	10. Do.	11. Fr.	12. Sa.	KW28 13. So.
7						
8						
9						
10						
11						
12						
13						
14						
15						
16						
17						
18						
19						
20						
21						

Kochen

Kochen, interessiert uns alle.
Die TV-Programme haben´s erkannt,
und nutzen es aus, in jedem Falle.
So werden Köche zum Helden ernannt!

Der Kulturauftrag kann noch warten,
die Kochkunst ist "dick" in Trend.
Man muss keinen Neuanfang starten.
Die Kochkultur ist uns nicht fremd!

Sogar die Römer setzten es ein.
Brot für das Volk, als Beruhigendes.
Unterhaltung als Beigabe, obendrein,
der Leitsatz war: Panem et circenses!

ROSETTA

Juli 2025

14. Mo.	15. Di.	16. Mi.	17. Do.	18. Fr.	19. Sa.	KW29 20. So.

7

8

9

10

11

12

13

14

15

16

17

18

19

20

21

Kollision

Eine Kollision fand statt,
zwischen zwei Kontinente.
Die Alpen verraten es glatt
und die Schalentier Sedimente.

Diese Kollision hat uns geweckt.
Wir lagen im afrikanischen Graben.
Dann haben wir die Welt entdeckt
und wichtige Zeugnisse begraben.

So eine Kollision hinterlässt Spuren.
Die Sachverständige vor kurzem tagten.
Die Ermittlungen laufen auf Hochtouren:
bei welchem Tempo die Bremsen versagten?

IMPACT

Juli 2025

	21. Mo.	22. Di.	23. Mi.	24. Do.	25. Fr.	26. Sa.	KW30 27. So.
7							
8							
9							
10							
11							
12							
13							
14							
15							
16							
17							
18							
19							
20							
21							

Komplexität

Kompliziertes einfach zu erklären,
können nicht viele. Ich auch nicht!
In Zusammenhängen Einblicke zu gewähren,
einbringen in die Dunkelheit, das Licht.

Der Flügelschlag eines Schmetterlings,
kann einen Wetterumschwung verursachen.
Mit Computerhilfe werden neuerdings,
erforscht: die Phänomene und Ursachen!

Die Ergebnisse sind nur so gut,
wie die Simulationsmodelle.
Doch zu behaupten gehört viel Mut:
der Sturmauslöser war eine Libelle!

AUF dem MEER

Juli / August 2025

28. Mo.	29. Di.	30. Mi.	31. Do.	1. Fr.	2. Sa.	KW31 3. So.
7						
8						
9						
10						
11						
12						
13						
14						
15						
16						
17						
18						
19						
20						
21						

Kunst

Kunst ist das, was uns gefällt!
Aber der Kitsch gefällt uns auch.
Der Geschmack, Empfindung zählt,
wo ich keine Erklärung brauch'!

In der Antike war alles klar:
Kunst war eine Wissenschaft!
Aus der sieben Künste, sonderbar,
nur die Musik hat´s bis heute geschafft!

Der Begriff ist stark gewandelt.
Nach dem Mittelalter kam die Wende.
Kunst wird am Markt gehandelt.
Ich bin mit meinen Künsten am Ende!

BIG BROTHER

August 2025

4. Mo.	5. Di.	6. Mi.	7. Do.	8. Fr.	9. Sa.	10. So.

KW32

Augsburger Friedensfest (über dem 8. Fr.)

7
8
9
10
11
12
13
14
15
16
17
18
19
20
21

Laster

Mein Arzt empfiehlt mir dringend:
ich soll aufhören zu rauchen!
Sein Urteil ist vernichtend:
sonst werde ich Gehhilfe brauchen.

Ist meine Gesundheit noch zu retten?
Wie konnte ich soweit sinken?
Ich lass die "blöden" Zigaretten
und werde mein Kummer ertrinken!

Denn eine Schwimmweste hab´ ich schon
oder sind es Rettungsringe?
Die paar Zusatz Kilo, was ist das schon,
wenn ich für meine Gesundheit ringe?

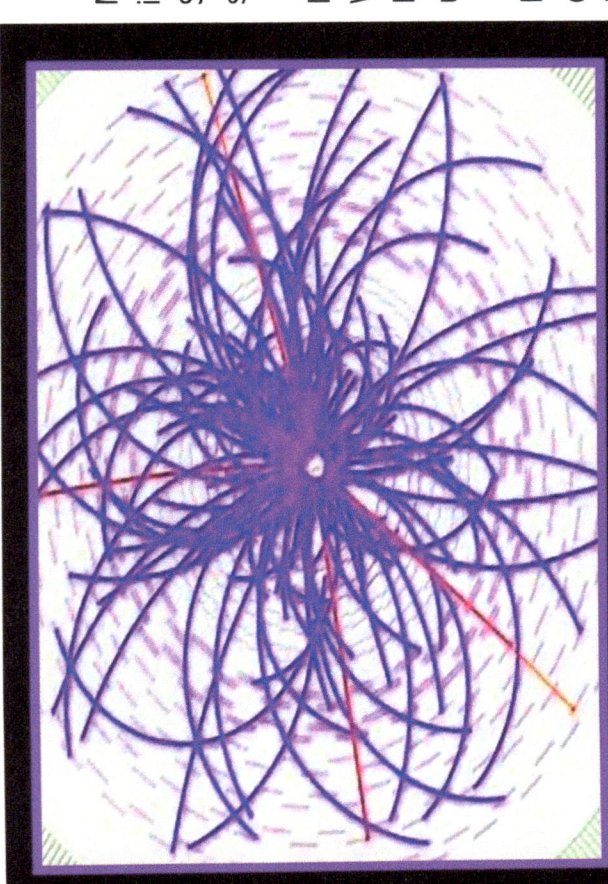

VOLLTREFFER

August 2025

	11. Mo.	12. Di.	13. Mi.	14. Do.	15. Mariä Himmelfahrt Fr.	16. Sa.	KW33 17. So.

7
8
9
10
11
12
13
14
15
16
17
18
19
20
21

Liebe

Liebe auf den ersten Blick?
Ja es gibt sie, ist großartig!
Es ist betörend im Augenblick.
Alles ändert sich, schlagartig!

Man fühlt sich leicht, wie im Trance.
Das Leben geht weiter, unbewusst.
Man verliert die seelische Balance.
Es führt zum Realitätsverlust!

Erst mit der Zeit kehrt man zurück,
in den Alltag, zur Realität!
Alles ins rechte Licht gerückt,
von Euphorie zur Normalität!

HUNDE

August 2025

	18. Mo.	19. Di.	20. Mi.	21. Do.	22. Fr.	23. Sa.	KW34 24. So.
7							
8							
9							
10							
11							
12							
13							
14							
15							
16							
17							
18							
19							
20							
21							

Lotto

Lotto ist nicht nur ein Glückspiel,
zumindest nicht für den Veranstalter.
Der Staat kassiert in großem Stil,
und das, seit dem Mittelalter!

Wie kann so eine freiwillige Steuer,
die Zeit überleben? Ich bin entsetzt.
Die Hoffnung die man kauft, ist teuer,
doch bekanntlich, sie stirbt zuletzt!

Was würdest Du machen, mit dem Gewinn?
Wenn Du gewinnen würdest? Fragt man mich!
Die Fragerei ist fiktiv, hat keinen Sinn.
Der Fall kommt nicht vor, ich spiele nicht!

BEGEGNUNG

August 2025

25. Mo.	26. Di.	27. Mi.	28. Do.	29. Fr.	30. Sa.	KW35 31. So.

7
8
9
10
11
12
13
14
15
16
17
18
19
20
21

Mann

So unnütz wie Unkraut, wie Fliegen und Mücken.
So lästig: wie Kopfweh und Ziehen im Rücken!
So störend wie Bauchweh und stets ein Tyrann,
das ist dieser Halbmensch: sein Name ist Mann!
Er steht im Weg und zu nichts zu gebrauchen.
Ist immer am Meckern und ständig am Fauchen!
Er ist auf der Erde, ich sag´s ohne Hohn:
Von Herrgott die größte Fehlkonstruktion!

(Zitat)

Frau

Ist ständig am Reden, ohne was zu sagen!
Stets "aufgedonnert", wie im Zoo der Pfau!
Immer am Shopping! Mir platzt der Kragen!
Das ist dieser Halbmensch: ihr Name ist Frau!
Zickig, streitsüchtig, sogar am Telefon!
Sie ist ein Bündel, vollgepackt mit Emotion!
Sie ist auf der Erde, ich sag´s ohne Hohn:
Von Herrgott die größte Fehlkonstruktion!

PUSTEBLUME

September 2025

1. Herbstanfang met. Mo.	2. Di.	3. Mi.	4. Do.	5. Fr.	6. Sa.	KW36 7. So.

7

8

9

10

11

12

13

14

15

16

17

18

19

20

21

Märchen

Die besseren Menschen sind Frauen.
Mütterliche Gefühle entwickelt kein Mann.
Die Männer können viel "Mist" bauen
doch, die Frauen sind auch nahe dran!

Die Männer sind aggressiv bis brutal.
Streben nach Macht, wollen immer mehr.
Fremdgehen finden sie ganz normal,
wollen sich paaren, kreuz und quer!

Dieses Verhalten begleitet sie überall.
Er findet sein Benehmen nicht schlimm.
Erzählt wird vieles, fantastisch, kolossal.
Sie übertreffen sogar die Brüder Grimm!

STRÖMUNG

September 2025

8. Mo.	9. Di.	10. Mi.	11. Do.	12. Fr.	13. Sa.	KW37 14. So.
7						
8						
9						
10						
11						
12						
13						
14						
15						
16						
17						
18						
19						
20						
21						

Masterplan

Ob der Mensch nach Masterplan
oder nur zufällig so gebaut ist?
Man forscht ernsthaft, man ist dran,
ohne Ergebnis wie Ihr wisst.

Wenn Masterplan, dann weißt Lücken auf,
in Bezug, speziell auf die Dichtung.
Wir arbeiten schon eifrig drauf,
mit wenig Erfolg in diese Richtung.

Meine Frau, hat mich angelacht
und sagte: jetzt kommt ans Licht,
dass die Natur keine Fortschritte macht!
Du hast auch nicht. Du bist nicht dicht!

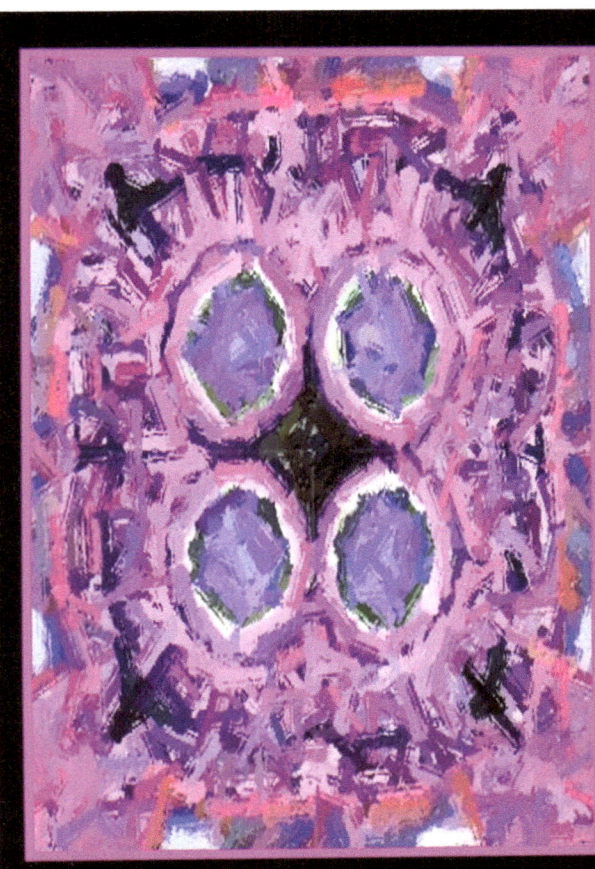

ZELLTEILUNG

September 2025

KW38

15. Mo.	16. Di.	17. Mi.	18. Do.	19. Fr.	20. Sa. Weltkindertag	21. So.

7
8
9
10
11
12
13
14
15
16
17
18
19
20
21

Mittelstrahl

Der Arzt hat es neulich verordnet:
Urinanalyse aus dem Mittelstrahl!
Ich bin unsicher, leicht überfordert,
wie soll ich es machen, es ist die Qual.

Wie soll man eine Strahl, oh wei,
der Länge nach aufspalten?
Es gibt nichts als große "Sauerei".
Ich kann und will es nicht machen!

Sei nicht so, reiß Dich zusammen,
und frage nach, beim Arzt. Bitte.
Der sagt: die Strahl setzt sich zusammen
aus Anfang, Ende und dazwischen die Mitte.

ABHOLZUNG

September 2025

21. Mo.	22. _{Herbstanfang} Di.	24. Mi.	25. Do.	26. Fr.	27. Sa.	KW39 28. So.

7
8
9
10
11
12
13
14
15
16
17
18
19
20
21

Moderne Kunst

Was unstrukturiert aussieht, ist Absicht.
Hat einen tieferen, durchdachten Sinn.
Die Beziehung zur Konvention abbricht,
der Weg ist holprig, beschwerlich dahin!

Die Fantasie des Betrachters ist gefragt.
Jeder sieht ein anderes, eigenes Bild.
Eine Beschreibung wäre falsch, gewagt.
Nur die eigene Interpretation gilt!

Diese Kunstform bedeutet ein Schnitt.
Doch auch in Museen findet ein Zuhause.
Wer zu den Bewunderern nicht beitritt,
gilt als spießig, ist ein Kulturbanause!

WELTALL

September / Oktober 2025

29. Mo.	30. Di.	1. Mi.	2. Do.	3. Fr. Tag der Deutschen Einheit	4. Sa.	5. So. Erntedankfest	KW40

7_____

8_____

9_____

10_____

11_____

12_____

13_____

14_____

15_____

16_____

17_____

18_____

19_____

20_____

21_____

Molekularküche

Man nehme ein Löffel Rotalgen (E406),
vermenge gründlich mit Calciumlactat (E327).
Mixe dazu ein Teelöffel Braunalgen (E401)
und runde ab mit Cellulosederivat (E461)!

Man kann es verfeinern mit Sojalecithin (E322)
und verdicken mit Johannisbrotmehl (E410).
Eine Prise Carragen (E407) gehört hin
und am Ende 100 Gramm Guarnkernmehl (E412).

Aus den Zutaten formt man ein Brot.
Die Form wird mit Protadur (N2) beschicht.
Ausgekleidet wird mit Xanthan-Schrot (E415):
Pro Espuma wünscht Ihnen, Guten Appetit!

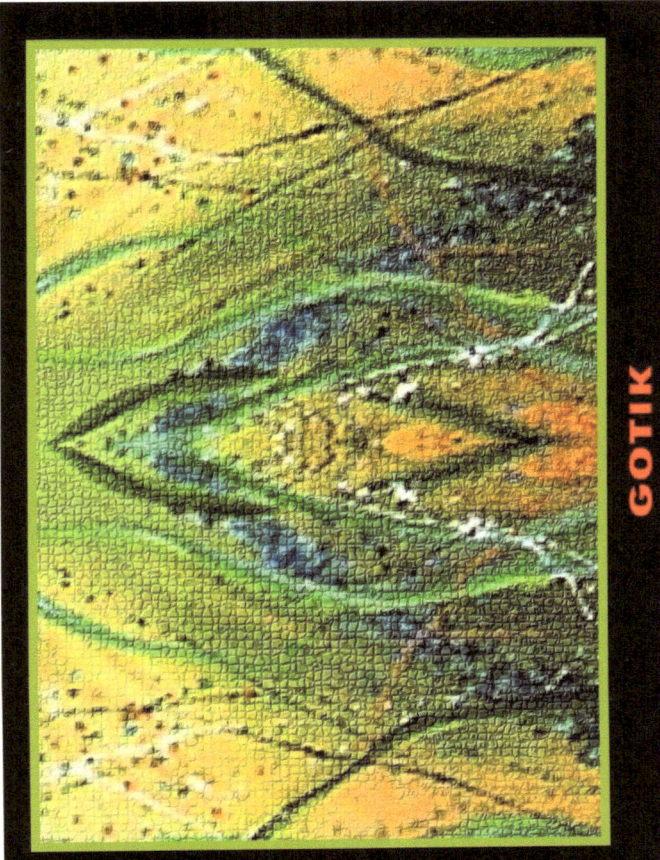

GOTIK

Oktober 2025

6. Mo.	7. Di.	8. Mi.	9. Do.	10. Fr.	11. Sa.	KW41 12. So.

7 _ _ _ _ _ _ _

8 _ _ _ _ _ _ _

9 _ _ _ _ _ _ _

10 _ _ _ _ _ _ _

11 _ _ _ _ _ _ _

12 _ _ _ _ _ _ _

13 _ _ _ _ _ _ _

14 _ _ _ _ _ _ _

15 _ _ _ _ _ _ _

16 _ _ _ _ _ _ _

17 _ _ _ _ _ _ _

18 _ _ _ _ _ _ _

19 _ _ _ _ _ _ _

20 _ _ _ _ _ _ _

21 _ _ _ _ _ _ _

Möwe

Eine Möwe hat wunderschöne Farben,
von weiß, hell- und dunkelgrau.
Wobei weiß ist zusammengesetzte Farbe,
beinhaltet alle Farben, wie meine Frau!

Denn meine Frau vereint in sich,
alle Farben und Schattierungen.
Die sorgt um Ruhe und Ordnung um mich,
trifft die wichtigen Entscheidungen.

Also, eine Frau muss man haben,
sonst kommt nicht klar, der Mann.
Jüngste Untersuchungen ergaben:
Ohne Ehefrau, kein Ehemann!

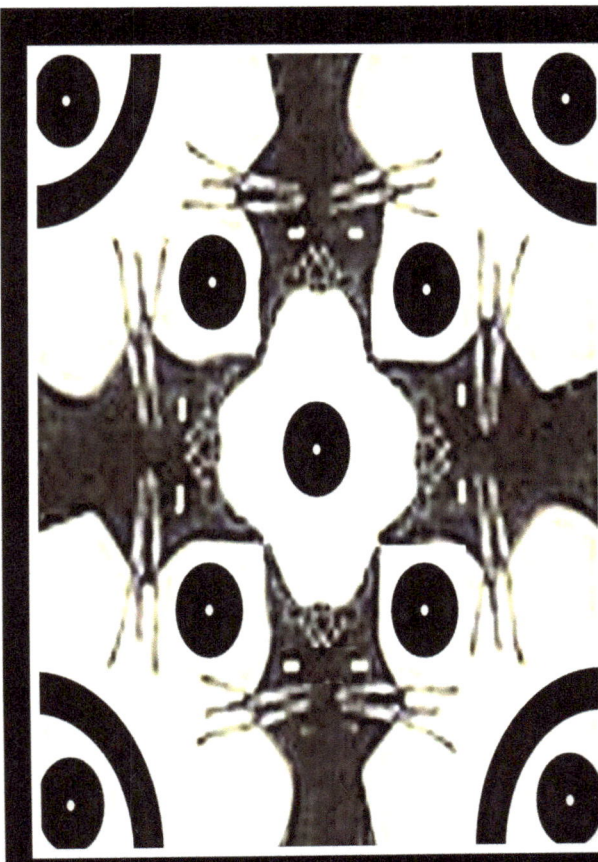

OPTISCHE TÄUSCHUNG

Oktober 2025

	13. Mo.	14. Di.	15. Mi.	16. Do.	17. Fr.	18. Sa.	KW42 19. So.
7							
8							
9							
10							
11							
12							
13							
14							
15							
16							
17							
18							
19							
20							
21							

Multitasking

Multitasking ist die Fähigkeit,
gleichzeitig Abläufe zu steuern.
Es ist glaub` ich jetzt die Zeit,
mit Beispielen zu untermauern.

Warum können Frauen gleichzeitig,
mehreren Beschäftigungen nachgehen?
Wobei für die Männer mehrheitlich,
schwierig ist. Sie haben das Nachsehen?

Die Antwort ist einfach bis banal:
die Frauen sind nicht konzentriert.
Bei den Männern dagegen ist normal:
sie agieren fast immer fokussiert!

Doch, wenn eine Frau Schuhe betrachtet,
kann sie auch nur auf Schuhe denken.
Dieser Vorgang, nüchtern betrachtet,
gibt Anlass zu ernsten bedenken!

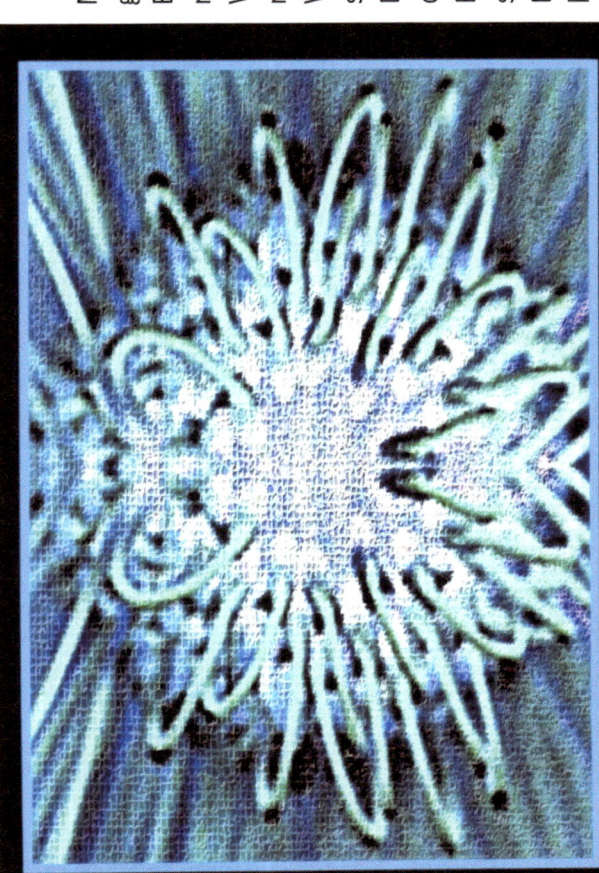

FILIGRAN

Oktober 2025

KW43

	20. Mo.	21. Di.	22. Mi.	23. Do.	24. Fr.	25. Sa.	26. So. Sommerzeitende
7							
8							
9							
10							
11							
12							
13							
14							
15							
16							
17							
18							
19							
20							
21							

Neugier

Der Mensch, das neugierige Wesen,
musste das Paradies verlassen.
Er ging als wäre nichts gewesen,
er nahm es hin, ruhig, gelassen.

Trotz Verbot, er wollte wissen:
wie schmecken die begehrten Früchte?
Hat einen schönen Apfel abgerissen,
er fand es sauer, so die Gerüchte!

Der Wissensdurst ist groß geschrieben!
Neugier soll es nicht mehr heißen.
Es ist besser, wurde so entschieden,
als in den sauren Apfel zu beißen!

SCHMETTERLING

Oktober / November 2025

KW44

27. Mo.	28. Di.	29. Mi.	30. Do.	31. Reformationstag/Helloween Fr.	1. Allerheiligen Sa.	2. Allerseelen So.

7
8
9
10
11
12
13
14
15
16
17
18
19
20
21

Olympia

Olympia, jeder fiebert mit.
Die Jungs und Mädels kämpfen.
Rechtzeitig sind alle wieder fit.
Die Erwartung soll man lieber dämpfen!

Sport ist ein Beruf geworden,
statt Berufung. Muss man akzeptieren.
Nur noch Wenige plagen Geldsorgen,
dafür muss man hart trainieren!

Die Politik fördert diese Entwicklung.
Natürlich, auch eine Prämie gibt es!
Es gehört zur Massenunterhaltung,
nach dem Motto: Panem et circenses!

FROSCHGESICHT

November 2025

3. Mo.	4. Di.	5. Mi.	6. Do.	7. Fr.	8. Sa.	KW45 9. So.

7_ _ _ _ _ _ _

8_ _ _ _ _ _ _

9_ _ _ _ _ _ _

10_ _ _ _ _ _

11_ _ _ _ _ _

12_ _ _ _ _ _

13_ _ _ _ _ _

14_ _ _ _ _ _

15_ _ _ _ _ _

16_ _ _ _ _ _

17_ _ _ _ _ _

18_ _ _ _ _ _

19_ _ _ _ _ _

20_ _ _ _ _ _

21_ _ _ _ _ _

Paradoxon

Stellen wir uns vor, dass das Wissen
wird als eine Kugel dargestellt.
Die Oberfläche berührt das Unwissen
und die Fragen werden hier gestellt.

Die Kugel wächst mit der Wissensmenge,
die Oberfläche auch, es war zu erwarten!
Neue Fragen entstehen, eine ganze Menge,
wir sind somit in einem Widerspruch geraten.

Also: je mehr man weißt,
umso mehr weißt man nicht!
Für uns Normalbürger heißt:
das lernen ist trotzdem Pflicht.

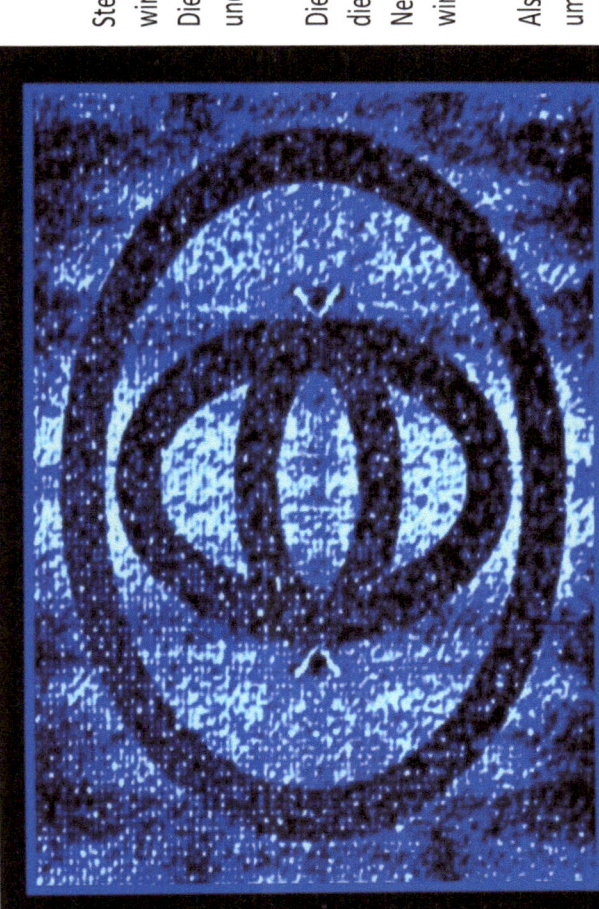

MISTERY

November 2025

	10. Mo.	11. Di.	12. Mi.	13. Do.	14. Fr.	15. Sa.	KW46 16. So.
7							
8							
9							
10							
11							
12							
13							
14							
15							
16							
17							
18							
19							
20							
21							

Pauschalreise

Es ist seit Langem ein Dorn im Auge,
die Entwicklung beim Tourismus.
Die Richtung ist falsch, wie ich glaube,
gleicht einem Massen - Voyeurismus!

Um sechs Frühstück, um acht Abfahrt,
um zehn Pinkel - und Photo - Stopp.
Dann setzt man fort, die schöne Talfahrt,
leichtes Mittagsessen, was nicht stopft!

Wir wollen wissen gleich, beim Schalter,
dann brauchen nicht später streiten,
ob wir oder der Veranstalter,
sind die, die "Kamelen" reiten!

HÖHLENMALEREI

November 2025

KW47

17. Mo.	18. Di.	19. Buß- und Bettag Mi.	20. Do.	21. Fr.	22. Sa.	23. Totensonntag So.

7 _ _ _ _ _ _ _
8 _ _ _ _ _ _ _
9 _ _ _ _ _ _ _
10 _ _ _ _ _ _ _
11 _ _ _ _ _ _ _
12 _ _ _ _ _ _ _
13 _ _ _ _ _ _ _
14 _ _ _ _ _ _ _
15 _ _ _ _ _ _ _
16 _ _ _ _ _ _ _
17 _ _ _ _ _ _ _
18 _ _ _ _ _ _ _
19 _ _ _ _ _ _ _
20 _ _ _ _ _ _ _
21 _ _ _ _ _ _ _

Phobie

Eine Phobie ist die Abneigung,
gegen Objekte und Situationen.
Verursacht Angst und Verzweiflung.
Im besten Fall nur Irritationen!

Es ist zwar nicht ansteckend,
muss man trotzdem verhindern.
Es ist schwer, sogar anstrengend,
die Verbreitung zu verringern.

Ich hab' eine Phobie gegen Lügen.
Mir gefällt einfach die Klarheit.
Es wäre aber kein Vergnügen,
nichts Anderes zu hören als die Wahrheit!

RAUMGEFÜHL

November 2025

KW48

24. Mo.	25. Di.	26. Mi.	27. Do.	28. Fr.	29. Sa.	30. 1.Advent So.

7 _ _ _ _ _ _

8 _ _ _ _ _ _

9 _ _ _ _ _ _

10 _ _ _ _ _ _

11 _ _ _ _ _ _

12 _ _ _ _ _ _

13 _ _ _ _ _ _

14 _ _ _ _ _ _

15 _ _ _ _ _ _

16 _ _ _ _ _ _

17 _ _ _ _ _ _

18 _ _ _ _ _ _

19 _ _ _ _ _ _

20 _ _ _ _ _ _

21 _ _ _ _ _ _

Plateauschuhen

Eine Frau, mit einem kurzen Bein,
trug zum Ausgleich ´ne dicke Sohle beim gehen.
Mein Kind war nicht mehr zu klein
um es richtig aufzufassen und zu verstehen.

Als die Plateauschuhe, in die Mode kamen
meinem Kind sind aufgefallen, zwei Damen,
die solchen Schuhe anhatten
und mit Stolz getragen hatten.

Papa, Papa, sagte sie leise,
aber gestört fühlte sich keine.
Die Damen dort, haben beide,
offensichtlich zwei kurze Beine.

EDELWEISS

Dezember 2025

KW49

1. Winteranfang met. Mo.	2. Di.	3. Mi.	4. Barbaratag Do.	5. Fr.	6. Nikolaustag Sa.	7. 2.Advent So.
7						
8						
9						
10						
11						
12						
13						
14						
15						
16						
17						
18						
19						
20						
21						

Platzhalter

Wer den Platzhalter erfunden hat,
war klug, ist eine nützliche Erfindung.
Er ist bescheiden, anspruchslos, halt.
Zum Original, hat nur äußerlich Verbindung!

Ein Platzhalter ist so wie der Original.
Ist keine Kopie, nur sieht so aus.
Im Wesentlichen ist jedes Merkmal,
gleichgut oder ein Schritt voraus.

Ein Platzhalter steht still auf der Position,
erträgt alles: Hitze, Nässe, Gerüche.
Hat Ausdauer, Geduld und Kondition,
ist genügsam, stellt keine Ansprüche.

BLAU–WEISS

Dezember 2025

KW50

8. Mo.	9. Di.	10. Mi.	11. Do.	12. Fr.	13. Sa.	14. 3.Advent So.

7———————
8———————
9———————
10———————
11———————
12———————
13———————
14———————
15———————
16———————
17———————
18———————
19———————
20———————
21———————

Popkonzert

Das Popkonzert des Jahres,
gibt´s nur einmal im Jahr.
Es ist daran was wahres,
Binnenweißheit, nicht wahr!

So und so ähnlich läuft es ab:
eine Floskel nach dem Andern!
Mit Wirkungsjagd, geht es hinab,
an Banalitäten darf´s nicht scheitern!

Seid Ihr gut drauf? Ja !
Sagt man mit stolzgeballtem Brust.
Es ist so wie bei Olympia:
nur die Teilnahme zählt, der Rest ist Wurst!

BOUQUET

Dezember 2025

15. Mo.	16. Di.	17. Mi.	18. Do.	19. Fr.	20. Sa. Winteranfang	21. So. 4. Advent

KW51

7
8
9
10
11
12
13
14
15
16
17
18
19
20
21

Ratschlag

Als ich noch unverschämt (und) jung war
und das Leben zügellos genoss,
den Ernst des Lebens nahm ich kaum wahr
bis mein Vater fragte: was ist mit Dir los?

Er nahm mich unsanft zur Seite
wo er gerne kluge Ratschläge erteilte.
Die meisten sind schon veraltet und doch,
an einer Weisheit erinnere mich noch.

Im Leben eines erwachsenen Mannes,
eine Frau ist wichtig, sagte er, vor Allem bei "Pannen"!
Weil schließlich kann man nicht für alles,
immer nur die Regierung verantwortlich machen.

SONNENUNTERGANG

Dezember 2025

KW52

22. Mo.	23. Di.	24. Heiligabend Mi.	25. 1. Weihnachtstag Do.	26. 1. Weihnachtstag Fr.	27. Sa.	28. So.

7
8
9
10
11
12
13
14
15
16
17
18
19
20
21

Renovierung

Von Zeit zu Zeit soll man machen:
die Wohnung renovieren!
Da gibt´s inzwischen viele Sachen,
die muss man endlich reparieren!

Die Möbel in der Mitte der Wohnung,
werden abgedeckt, um sie zu schonen.
Überall herrscht große Unordnung,
ein paar Tage muss man so wohnen!

Die Arbeiten kommen langsam voran.
Morgen wird neu gestrichen. Toll!
Die Unordnung nimmt größerer Umfang an:
Ich habe, die Nase gestrichen voll!

PLENARSAAL

Dezember / Januar 2025 / 2026

KW01a

29. Mo.	30. Di.	31. Silvester Mi.	1. Neujahr Do.	2. Fr.	3. Sa.	12. So.

7 --------
8 --------
9 --------
10 --------
11 --------
12 --------
13 --------
14 --------
15 --------
16 --------
17 --------
18 --------
19 --------
20 --------
21 --------

Meine Notizen:

Meine Notizen:

Meine Notizen:

Meine Notizen:

© 2024 Gisela Ludwig
Verlag:
BoD · Books on Demand GmbH,
In de Tarpen 42, 22848 Norderstedt
Druck:
Libri Plureos GmbH,
Friedensallee 273, 22763 Hamburg
ISBN Nr. 978-3-7693-0689-7